Dres. med. Susanne und Hans-Joachim Kümmerle

Mit Genuss gesund durchs Leben

Das Kochbuch

Bonnevie-Verlag · Obermaiselstein

Liebe geht durch den Magen

IMPRESSUM
Bonnevie Verlag, Obermaiselstein im Allgäu
1. Auflage, Oktober 2016
Herstellung: Kernsatz, Digitale Druckvorstufe, Sonthofen
Printed in Germany · ISBN 9 78 3000 528 385

Vorwort

Liebe Leserinnen und Leser,

auf vielfachen Wunsch unserer Patienten und den Lesern von „Mit Genuss gesund durchs Leben" haben wir dieses Kochbuch für Sie verfasst. Bei uns zuhause ist der Mann für das Kochen zuständig, da die Frau durch Beruf und Vorträge nur wenig Zeit hat. Außerdem kann er sowieso besser kochen.

Die Grundidee ist dabei mit einfachen, frischen Produkten gesunde Mahlzeiten mit geringem Aufwand zuzubereiten. Natürlich nach dem Motto: „Ohne Verzicht und mit viel Genuss!" Der Spaß und die Freude an der gemeinsamen Zubereitung von Mahlzeiten für die ganze Familie liegt uns am Herzen. Wichtig ist uns eine gesunde Zusammenstellung von Speisen, die sich positiv auf die Sättigung und somit auf eine gesunde Gewichtsentwicklung auswirkt.

Seit 2011 bieten wir unseren Patienten in der Fachklinik Oberstdorf ein gesundes Ernährungsprogramm mit einer schmackhaften Mischkost an. Dabei wird die Bauchspeicheldrüse geschont und das Sättigungsgefühl hält länger an. Die schnell anflutenden Kohlenhydrate und Zucker sind in diesen Rezepten sanft reduziert. Zu diesem Programm gehört auch eine regelmäßige moderate Bewegung und eine positive Anleitung zu Essen und Verhalten. So gelingt es unseren Teilnehmern, in drei bis vier Wochen des Rehabilitationsaufenthaltes ohne Verzicht und ohne zu hungern durchschnittlich zwei bis vier Kilogramm abzunehmen.

Über 2000 Patienten konnten bisher von der genussvollen Art zu essen profitieren, und haben so wieder Freude am selber kochen gefunden. Sie finden in diesem Kochbuch deshalb auch keine Kalorienangaben. Ziel ist ist eine normokalorische, kohlenhydratreduzierte Kost. Essen Sie nur soviel, bis Sie satt sind.

Die Rezepte in diesem Kochbuch gelten generell für vier Personen.

Finden Sie wieder zurück in Ihre Küche. Kaufen Sie frische und regionale Lebensmittel und lassen Sie sich von Ihrer Nase und den Augen inspirieren und verwöhnen Sie sich und Ihre Familie.

Obermaiselstein, im Oktober 2016

Dres. med. Susanne und Hans-Joachim Kümmerle

Vorspeisen

Artischocken mit Senf-Vinaigrette	Seite 6
Avocado-Dip mit Krabben	Seite 6
Carpaccio von Roter Bete mit Ziegenkäse	Seite 7
Gefüllte Champignons mit Salat	Seite 7
Gegrilltes mediterranes Gemüse mit Kräuterquark	Seite 8
Melone mit Schinken	Seite 9
Rindercarpaccio	Seite 9
Schafsfrischkäse mit Bärlauch-Pesto	Seite 10
Tomate-Mozzarella	Seite 11
Vitello tonnato	Seite 11

Vorspeisen sollten kohlehydratarm und trotzdem sättigend sein, um für das Hauptgericht nicht mehr so viel Platz zu lassen.

Artischocken mit Senf-Vinaigrette

Artischocke wirkt cholesterinsenkend und beugt Gallensteinen vor. Sie ist ballaststoffreich, kalorienarm und stärkt das Immunsystem.

- 4 violette, möglichst frische Artischocken,
- 2 EL Dijon-Senf (moutarde ancienne),
- 5 EL Aceto basamico bianco,
- 8 EL Olivenöl oder Rapsöl,
- frische Kräuter, z.B. Dill, Estragon oder Schnittlauch,
- Salz und Pfeffer aus der Mühle, 1 Prise Zucker.

Artischocken waschen. Die Stiele ganz dicht am Blütenboden abschneiden. Einen Topf mit ungesalzenem Wasser zum Kochen bringen. Einen Schuss Essig zugeben. Die Artischocken hineinlegen, sie sollen komplett im Wasser schwimmen. Bei mittlerer Hitze ca. 30 Minuten kochen. In der Zwischenzeit den Senf und den Essig verrühren, das Öl mit dem Schneebesen nach und nach in kleinen Portionen unterschlagen. Mit Salz, Pfeffer und einer Prise Zucker abschmecken. Die Kräuter fein hacken und unter die Vinaigrette rühren. Die Artischocken abtropfen und ein wenig abkühlen lassen. Die Artischockenblätter einzeln von außen nach innen abzupfen, das fleischige Ende in die Vinaigrette tauchen und zwischen den Zähnen ausstreichen.

Zum Schluss genießen Sie den besonders leckeren Blütenboden. Dazu gibt es ein wenig Baguette und ein Schlückchen Süßwein (z.B. einen Muscat de Rivesaltes).

Avocado-Dip mit Krabben

Avocado sättigt und hat günstige Fette. Sie enthält Folsäure, Kalium, Lecithin und Vitamin B 6.

- 1 reife Avocado (Schale muss leicht eindrückbar sein),
- 200 g Frischkäse, 10% Fett,
- 150 g Joghurt natur, 1,5% Fett,
- 1 kleine Zwiebel
- 1 Zitrone
- 150 g geschälte und gegarte Nordmeerkrabben, abgetropft,
- Salz und Pfeffer aus der Mühle,
- 1 Prise Zucker.

Die Avocado halbieren und entkernen und das Fruchtfleisch in ein hohes Mixgefäß geben. Die Zwiebel schälen und würfeln. Zusammen mit dem Frischkäse und dem Joghurt sowie dem Saft der ausgepressten Zitrone zum Avocadofleisch geben und pürieren.

Die Krabben unterheben. Mit Salz, Pfeffer und dem Zucker abschmecken.

Dazu passt ein wenig Pumpernickel-Vollkornbrot.

Carpaccio von Roter Bete mit Ziegenkäse

Rote Bete enthält viele Vitamine, Folsäure und Mineralstoffe. Sie senkt Blutdruck und das Krebsrisiko und verbessert die Fettverbrennung. Gut bei Zuckerkrankheit und Gelenkbeschwerden. Die Walnuss wirkt lebensverlängernd durch wertvolle Fette, enthält Vitamin B und Folsäure, senkt den Blutzucker und das Krebsrisiko.

1 handvoll Walnusskerne,
etwas Honig,
4 fertig gegarte Rote Bete,
200 g Ziegenkäse als Rolle,
Aceto balsamico,
Rapsöl,
Salz, Pfeffer.

Walnusskerne grob hacken und ohne Fett mit etwas Honig leicht karamellisieren. Rote Bete in hauchdünne Scheiben hobeln und auf einem großen flachen Teller anrichten. Den Ziegenkäse in 8 Scheiben schneiden und auf ein Backpapier legen. Unter dem auf 180 °C vorgeheizten Backofengrill 5 Minuten bräunen. Dabei darf der Käse nicht zerlaufen. Danach die Käsescheiben auf die Rote Bete legen. Darüber die Walnusskerne streuen. Über das Ganze nach Geschmack Aceto balsamico und Rapsöl träufeln. Salz und Pfeffer aus der Mühle. Rasch servieren.

Gefüllte Champignons mit Salat

Champignons haben einen hohen Wassergehalt und sind deshalb kalorienarm und gut sättigend und außerdem Vitamin-D-haltig. Frischkäse enthält viel Calcium.

    8 mittelgroße frische Champignons,
    8 Streifen magerer Frühstücksspeck (Bacon),
100 g Kräuterfrischkäse.

Die Champignons trocken mit einem Küchenpapier putzen. Die Stiele entfernen durch vorsichtiges Herausdrehen. Die Pilzkappen mit Kräuterfrischkäse füllen. Um jede gefüllte Pilzkappe eine Scheibe Bacon wickeln. Im vorgeheizten Umluftofen bei 180° C etwa 20 Minuten backen.

Dazu passt ein gemischter frischer Blattsalat.

Gegrilltes mediterranes Gemüse mit Kräuterquark

Die Gemüse sind wasserhaltig, kalorienarm und gut sättigend durch einen hohen Ballaststoffanteil. Sie enthalten auch viele Mineralien. Knoblauch und Rosmarin, die Heilpflanze des Jahres 2011, sind durchblutungsfördernd und steigern die Leistungsfähigkeit des Gehirns.

1	mittelgroße Aubergine
2	mittelgroße Zucchini,
1	rote und gelbe Paprikaschote,
4	große frische Champignons oder Egerlinge,
4	Zweige Rosmarin,
200 g	Quark Magerstufe,
2	Knoblauchzehen,
	etwas Olivenöl, Herbes de Provence (französische Kräuter), Salz und Pfeffer aus der Mühle.

Das Gemüse, bis auf die Pilze, waschen und trocknen. Die Pilze trocken mit Küchenpapier vorsichtig abreiben. Auberginen in Scheiben schneiden, einzeln auf Küchenpapier legen und salzen. Ziehen lassen bis die Scheiben etwas feucht sind (ca. 10 Minuten). Zucchini und Pilze in Scheiben schneiden. Paprikaschoten in breite Streifen schneiden und entkernen. Knoblauchzehen fein hacken oder pressen und unter den Quark mischen. Mit den Herbes de Provence, Salz und Pfeffer abschmecken. Wenig Öl in einer Grillpfanne erhitzen. Gemüse und Pilze bei starker Hitze beidseits grillen, dabei die Rosmarinzweige auf das Gemüse legen. Auf dem Holzkohlegrill geht es natürlich genauso, dabei am besten emaillierte Grillschalen verwenden. Nach Geschmack salzen und pfeffern und das Gemüse mit dem Kräuterquark anrichten. Das Grillgemüse eignet sich natürlich auch als Beilage für viele andere Gerichte, z.B. zu gegrillten Lammkoteletts.

Melone mit Schinken

Melone ist kalorienarm und enthält viel Vitamine und Mineralstoffe und schützt so Herz und Kreislauf. Basilikum wirkt abschwellend und entzündungshemmend. Gut gegen Magen-Darm- und Unterleibsbeschwerden, libidosteigernd.

- 1 reife Charentais-Melone,
- 8 Scheiben luftgetrockneter Schinken (z.B. Serrano-Schinken oder Jambon de Bayonne) und einige frische Basilikumblätter.

Den Reifegrad einer Melone kann man daran erkennen, dass sie sich am Ende etwas eindrücken lässt und an der Druckstelle aromatisch duftet.

Die Melone zunächst halbieren und die Kerne entfernen. Dann die Hälften in je vier Spalten schneiden. Jeweils zwei Spalten auf einen Teller legen. Die Schinkenscheiben aufrollen und je zwei Rollen zur Melone legen. Mit ein oder zwei Basilikumblättern garnieren.

Rindercarpaccio

Rinderfilet enthält viel Vitamin B12, Carnitin, Zink und Selen, hat einen hohen Eiweiß-, aber geringen Fettanteil. Rucola, wie auch Kresse, enthält Bitterstoffe zur Verdauungsförderung, ist harntreibend, gut für´s Immunsystem. Parmesan ist ein guter Calciumlieferant, enthält viele Mineralstoffe und B-Vitamine.

- 400 g Rinderfilet
- 50 g Rucola,
- 50 g Parmesan oder mindestens 6 Monate alter Bergkäse,
- 100 g frische Champignons,
- 1 Zitrone,
- 8 kleine Kirschtomaten,
- Aceto balsamico,
- Olivenöl
- Salz und Pfeffer aus der Mühle.

Vier große flache Teller sehr dünn in der Mitte mit Öl einpinseln und etwas Salz und Pfeffer darüber mahlen. Das Rinderfilet in möglichst dünne Scheiben schneiden. Dazu kann man das Filet leicht einfrieren lassen und es dann mit einem sehr scharfen Messer oder mit der Brotschneidemaschine aufschneiden. Alternativ dazu kann man auch nicht ganz so dünne Scheiben zwischen zwei Gefrierbeutel legen und vorsichtig flachklopfen. Die Carpaccio-Scheiben in vier Portionen teilen und kreisförmig auf den Tellern anrichten. Rucola putzen, waschen und gut abtropfen oder vorsichtig trockenschleudern. Den Rucola auf die vier Teller verteilen. Die Champignons trocken mit Küchenpapier putzen und in möglichst dünne Scheiben schneiden oder hobeln und über den Rucola und das Fleisch verteilen. Den Käse darüber hobeln. Die Zitrone auspressen. Den Saft mit dem Balsamico und dem Öl gut verrühren und über die vorbereiteten Teller träufeln. Die Kirschtomaten halbieren und die Teller damit garnieren. Zum Schluss noch etwas Salz und Pfeffer darüber mahlen.

Dazu gibt es etwas frisches Ciabatta-Brot oder Baguette. Ein Gläschen trockener vollmundiger Rotwein (z.B. ein Barbera d´Asti) passt prima dazu.

Schafsfrischkäse mit Bärlauch-Pesto

Frischkäse enthält viel Calcium und Eiweiß, aber wenig Fett. Bärlauch hat viel gesunde sekundäre Pflanzenstoffe, ist gut für die Darmflora, die Blutgefäße, das Immunsystem und die Libido. Pinienkerne sind eiweißreich und enthalten gesundes Pflanzenfett, viel Vitamin B und E und Antioxidantien gegen Stress.

- 200 g Schafsfrischkäse, es geht auch Feta,
- 100 g Bärlauch,
- 20 g Parmesan oder alter Bergkäse,
- 20 g Pinienkerne,
- 50 ml Olivenöl,
- 2 reife Tomaten,
  Salz und Pfeffer aus der Mühle.

Pinienkerne ohne Fett etwas anrösten. Den Parmesan oder Bergkäse reiben. Den Bärlauch waschen und gut trocknen und ihn mit dem geriebenen Käse, den Pinienkernen und dem Olivenöl in ein hohes Gefäß geben und mit dem Mixstab bis zum gewünschten Feinheitsgrad zerkleinern. Mit Salz und Pfeffer abschmecken. Den Schafsfrischkäse oder Feta würfeln. Die Tomaten in Scheiben schneiden. Auf vier Tellern einen Spiegel aus dem Pesto bilden und darauf die Käsewürfel und Tomatenscheiben verteilen.

Das Bärlauchpesto kann man auch in größeren Mengen auf Vorrat zubereiten. Im Kühlschrank hält es sich in einem verschlossenen Glas über mehrere Monate. Das Pesto kann man zur Zubereitung von Soßen und Salaten oder als Dip zu Gegrilltem verwenden. Ein Tipp: Bärlauch kann man im Frühjahr prima selbst sammeln. Aber Vorsicht, nicht verwechseln mit den ähnlich aussehenden, giftigen Maiglöckchenblättern. Sie lassen sich leicht am Geruch unterscheiden. Zerreibt man ein Bärlauchblatt zwischen den Fingern, riecht es intensiv nach Knoblauch.

Tomate-Mozzarella

Mozzarella enthält viel Calcium und Eiweiß, wenig Fett. Tomaten enthalten viel Kalium für Nerven und Muskeln. Viele sekundäre Pflanzenstoffe, vor allem das Lykopin, stärken das Immunsystem.

- 4 große, reife Romana-Tomaten
- 2 Kugeln Mozzarella,
- 1 Knoblauchzehe,
  frische Basilikumblätter,
- 4 EL Olivenöl,
- 4 EL Aceto balsamico,
- 1 Prise Zucker,
  Salz und Pfeffer aus der Mühle.

Tomaten und den abgetropfte Mozzarella in Scheiben schneiden. Auf einem großen flachen Teller abwechselnd in schräg überlappenden Schichten anrichten. Einige grob zerpflückte Basilikumblätter darüber streuen. Die Knoblauchzehe schälen und fein hacken und ebenfalls darüber streuen. Mit etwas Salz und Pfeffer aus der Mühle würzen. Öl, Balsamico und Zucker verrühren und gleichmäßig über den Tomaten und dem Mozzarella verteilen. Dazu etwas frisches Ciabatta-Brot reichen.

Mit der doppelten Menge wird daraus ein Hauptgericht.

Vitello tonnato

Kalbfleisch ist fett- und kalorienarm, enthält viel Eiweiß, Vitamin B und D sowie viele Mineralstoffe und Spurenelemente. Ideal für den figur- und gesundheitsbewussten Esser. Thunfisch und Sardellen haben viel Omega-3-Fette, Vitamin B und Mineralstoffe. Kapern enthalten Calcium und andere Mineralstoffe.

- 400 g magerer Kalbsbraten (Kalbsnuss)
- 1 Bund Suppengrün,
- 100 ml Weißwein,
- 2 kleine Dosen Thunfisch,
- 6 Sardellen (Anchovis),
- 2 EL Kapern,
- 6 EL Joghurtmayonnaise,
- 100 ml Fleischbrühe,
  Salz und Pfeffer aus der Mühle.

Leicht gesalzenes Wasser mit dem Suppengrün und dem Weißwein zum Kochen bringen. Das Fleisch hineingeben und bei kleiner Flamme im geschlossenen Topf ca. 1 Stunde ziehen lassen, nicht kochen. Das Fleisch herausnehmen, abkühlen lassen und in den Tiefkühler geben. Das leicht angefrorene Fleisch in möglichst dünne Scheiben schneiden, z.B. mit der Brotschneidemaschine. Die Scheiben auf den Tellern rosettenförmig anrichten. Thunfisch, Sardellen, 1 EL Kapern, Mayonnaise mit der Fleischbrühe mit dem Mixstab pürieren. Mit Salz und Pfeffer abschmecken und über das Fleisch verteilen. Mit den restlichen Kapern bestreuen und servieren. Dazu gibt es ein wenig Ciabatta und einen Schluck trockenen Weißwein, der vom Fleischsud übrig geblieben ist.

Suppen

Fleischbrühe Grundrezept	Seite 13
Gemüsebrühe Grundrezept	Seite 13
Hühnerbrühe Grundrezept	Seite 14
Gemüsesuppe mit Rindfleisch	Seite 14
Klare Pilzsuppe	Seite 15
Klare Spargelsuppe mit Garnelen	Seite 15
Kürbissuppe	Seite 16
Mediterrane Fischsuppe	Seite 17

*Suppen können sowohl kalorienarme Magenfüller
mit wichtigen Inhaltsstoffen
als auch wertvolle Hauptmahlzeiten sein.*

Fleischbrühe, *Grundrezept*

Rindfleisch ist fettarm und eiweißreich, enthält viel Vitamin B und Mineralstoffe. Die Gemüse enthalten zudem wertvolle sekundäre Pflanzenstoffe und Vitamine. Sellerie entschlackt und entwässert. Lorbeer wirkt ebenso und ist zudem antibakteriell und schleimlösend, gut für die Verdauung. Lauch ist gut für Nerven und Muskeln, die Verdauung und gegen Entzündungen.

500 g	mageres Suppenfleisch (z.B. Rinderwade),
500 g	Suppenknochen,
1	Zwiebel,
1	Möhre,
¼	Sellerieknolle,
½	Lauchstange,
1	Lorbeerblatt,
1	Thymianzweig,
1 EL	Rapsöl,
2 TL	Salz.

Das Gemüse waschen und putzen. Alle Gemüsesorten grob würfeln. Das Rapsöl in einem großen Topf erhitzen. Das Fleisch mit den Knochen und den Gemüsewürfeln darin kurz anbraten. Den Lorbeer und den Thymian zugeben. Mit dem Wasser auffüllen und aufkochen. Bei schwacher Hitze 1 Stunde ohne Deckel weiterköcheln. Eventuell Wasser nachgießen. Entstehenden Schaum abschöpfen. Die Brühe durch ein feines Sieb gießen und mit dem Salz abschmecken. Das Fleisch kann für andere Suppen verwendet werden.

Gemüsebrühe, *Grundrezept*

Prinzipiell gilt dasselbe, wie bei der Fleischbrühe, allerdings ist der Gehalt an Vitamin B geringer. Möhren enthalten reichlich Vitamin A. Petersilie enthält viel Vitamin K und Mineralstoffe. Thymian enthält viel sekundäre Pflanzenstoffe und schützt gegen Infektionen und ist gut für die Atemwege.

2 l	Wasser
1	Zwiebel
2	Möhren
½	Lauchstange
¼	Sellerieknolle
2	Staudenselleriestängel
1	Petersilienwurzel
1	Knoblauchzehe
1	Lorbeerblatt
1	Thymianzweig
1 EL	Rapsöl
2 TL	Salz

Das Gemüse waschen und putzen. Die Möhren, die Petersilienwurzel und den Knollensellerie schälen. Alle Gemüsesorten grob würfeln. Das Rapsöl in einem großen Topf erhitzen. Die Gemüsewürfel darin kurz anbraten. Den Lorbeer und den Thymian zugeben. Mit dem Wasser auffüllen und aufkochen. Bei schwacher Hitze 30 Minuten ohne Deckel weiter köcheln. Eventuell Wasser nachgießen. Die Brühe durch ein feines Sieb gießen und mit dem Salz abschmecken.

Hühnerbrühe, Grundrezept

Auch hier gilt die Grundidee von Fleisch- und Gemüsebrühe. Hühnerfleisch ist sehr fett- und kalorienarm. Es enthält B-Vitamine und viele Mineralstoffe. Gut für das Immunsystem und gegen Stress.

- 2 l Wasser,
- 1 Suppenhuhn,
- 1 Zwiebel,
- 1 Möhre,
- ¼ Sellerieknolle
- ½ Lauchstange,
- 1 Lorbeerblatt,
- 1 Thymianzweig,
- 1 EL Rapsöl,
- 2 TL Salz.

Das Gemüse waschen und putzen. Alle Gemüsesorten grob würfeln. Das Rapsöl in einem großen Topf erhitzen. Die Gemüsewürfel darin kurz anbraten. Den Lorbeer und den Thymian zugeben. Mit dem Wasser auffüllen, das Huhn zugeben und aufkochen. Bei schwacher Hitze 2 Stunden ohne Deckel weiter köcheln lassen. Eventuell Wasser nachgießen. Entstehenden Schaum abschöpfen. Die Brühe durch ein feines Sieb gießen und mit dem Salz abschmecken. Das Huhn kann für andere Gerichte, z.B. Hühnerfrikassee mit Gemüse oder kaltem Hähnchensalat, verwendet werden.

Gemüsesuppe mit Rindfleisch

Brokkoli hat viele sekundäre Pflanzenstoffe und senkt das Krebsrisiko. Muskatnuss ist verdauungsfördernd, schleimlösend, krampflösend und antimikrobiell. Zwiebel schützt vor Zuckerkrankheit, ist gut zur Blutverdünnung, gegen Entzündungen, zur Krebsvovorsorge und zur Gewichtsreduktion.

- 2 l Gemüsebrühe,
- 500 g mageres Suppenfleisch vom Rind,
- 2 große Möhren,
- 1 kleiner Brokkoli,
- ½ Stange Lauch,
- ¼ Sellerieknolle,
- 1 mittelgroße Zwiebel,
- 2 EL gehackte glatte Petersilie,
  Muskatnuss, Salz und Pfeffer aus der Mühle.

Das Fleisch in der Gemüsebrühe 30 Minuten köcheln lassen. In der Zwischenzeit die Möhren schälen und würfeln. Den Brokkoli waschen und die Röschen abschneiden. Den Stiel schälen und würfeln. Den Lauch waschen und in Ringe schneiden. Den Sellerie schälen und würfeln. Die Zwiebel schälen und fein würfeln. Wenn die 30 Minuten um sind, die Gemüsewürfel zum Fleisch in die Brühe geben und 20 Minuten weiter köcheln lassen. Eventuell Wasser nachgießen. Zum Ende der Garzeit das Fleisch herausnehmen, abtropfen lassen und in Würfel schneiden. Die Würfel zurück in die Suppe geben. Mit etwas geriebener Muskatnuss würzen, eventuell noch etwas salzen und pfeffern. Die Suppe noch einmal kurz aufkochen. Vor dem Servieren die Petersilie darüber streuen.

Bei dieser Menge ist die Suppe ein Hauptgang. Wenn man die Mengenangaben halbiert, hat man eine Vorspeise.

Klare Pilzsuppe

Pilze sind kalorienarm, vitamin- und mineralsalzhaltig. Knoblauch ist ein Alleskönner: Er schützt Herz- und Kreislauf, wirkt antibiotisch und stärkt das Immunsystem. Wenn man ihn nicht riecht, wirkt er nicht.

1 l	Fleischbrühe,
250 g	Egerlinge,
50 g	Räucherspeckwürfel,
1	kleine Zwiebel,
1	Knoblauchzehe,
1 EL	Butter,
1 EL	gehackte glattblättrige Petersilie,
	Salz und Pfeffer aus der Mühle.

1 Liter Fleischbrühe erwärmen. Die Pilze mit Küchenpapier trocken putzen und in Scheiben schneiden. Die geschälte Zwiebel und die geschälte Knoblauchzehe in feine Würfel schneiden. Zwiebel und Knoblauch mit der Butter glasig dünsten. Die Speckwürfel zugeben und kurz weiter dünsten. Die Pilzscheiben dazu geben und leicht anbräunen. Alles in die erwärmte Fleischbrühe geben und kurz aufkochen. Wer will, kann noch mit einem Schuss trockenem Sherry verfeinern. Falls nötig mit Salz und Pfeffer nachwürzen. Vor dem Servieren mit der Petersilie bestreuen.

Klare Spargelsuppe mit Garnelen

Spargel enthält viel Wasser und regt die Nierenfunktion an. Er ist kalorienarm, fettfrei und eiweißreich. Vorsicht bei hoher Harnsäure und Nierensteinen.

1 l	Hühnerbrühe,
500 g	frischer Spargel,
150 g	gegarte Garnelen,
1	Spritzer Zitronensaft,
1 EL	gehackter Dill,
	Salz und Pfeffer aus der Mühle.

Die Spargel schälen, in 2 bis 3 cm lange Stücke schneiden und in die Hühnerbrühe geben. Ca. 20 Minuten bei milder Hitze zugedeckt kochen. Die Garnelen – wenn nötig – abtropfen und kurz vor Ende der Garzeit zur Suppe geben. 1 Spritzer Zitronensaft zugeben. Wer will, kann die Suppe mit einem Schuss trockenem Weißwein verfeinern. Wenn nötig, mit Salz und Pfeffer nachwürzen. Die Suppe noch einmal kurz aufkochen lassen.

Vor dem Servieren die Petersilie darüber verteilen.

Kürbissuppe

Kürbis enthält 98% Wasser, Betacarotin für Auge, Haut und Nägel, Vitamin C und zudem Kalium und viel Ballaststoffe, deshab kalorienarm sättigend und verdauungsfördernd.

- 1 mittelgroßer Hokkaido-Kürbis,
- 1 mittelgroße Zwiebel,
- ½ l Gemüsebrühe,
- ½ l Milch,
- 1 Becher Sahne,
  einige Blätter frischer Kerbel,
  etwas Rapsöl,
  etwas Kürbiskernöl,
  Muskatnuss,
  Salz und Pfeffer aus der Mühle.

Den Kürbis waschen und trocknen. Eventuelle schadhafte Stellen sparsam ausschneiden. Den Kürbis halbieren und entkernen. Beide Hälften in Würfel schneiden. Die Zwiebel schälen und würfeln. Die Zwiebelwürfel mit etwas Rapsöl glasig dünsten. Die Gemüsebrühe, die Milch und die Kürbiswürfel zugeben. Ca. 20 bis 25 Minuten bei milder Hitze kochen. Dann die Suppe vorsichtig pürieren. Die Sahne zugeben und unterrühren. Nochmal erhitzen aber nicht kochen. Den fein gehackten Kerbel einstreuen. Mit geriebener Muskatnuss, Salz und Pfeffer abschmecken. Vor dem Servieren die Teller mit etwas Kürbiskernöl verzieren. Von der Kürbissuppe gibt es unglaublich viele Varianten: Mit Ingwer, mit Chili, mit Curry, mit Orangensaft, mit Garnelen und vieles mehr. Lassen Sie Ihrer Phantasie freien Lauf.

Mediterrane Fischsuppe

Garnelen und Fische sind eiweißreich und reich an Omega-3-Fetten. Sie enthalten viel Mineralien und Vitamin B 12. Vorsicht bei hohen Harnsäurewerten. Oliven, vor allem schwarze, enthalten auch günstige Pflanzenöle, Mineralstoffe, Folsäure und krebsverhindernde sekundäre Pflanzenstoffe.

750 g	Fischfilet, verschiedene Arten,
150 g	Garnelen, gegart und geschält,
1	Dose geschälte Tomaten,
1	rote Paprika,
1	grüne Paprika,
2	mittelgroße Zwiebeln,
2	Knoblauchzehen,
1	Lorbeerblatt,
	etwas Olivenöl,
50 g	schwarze Oliven, entsteint,
50 g	grüne Oliven, entsteint,
2 EL	gehackte glattblättrige Petersile,
	Zitronensaft,
	Salz und Pfeffer aus der Mühle,
	einige frische Basilikumblätter zum Garnieren.

Von Vorteil wären möglichst verschiedene Arten von Fisch (z.B. Seelachs, Rotbarsch, Wolfsbarsch, Kabeljau, Rotling). Die Fischfilets in mundgerechte Stücke schneiden, die Garnelen abtropfen lassen. Beides beiseite stellen. Zwiebel und Knoblauch schälen und fein würfeln. In etwas Olivenöl glasig anschwitzen lassen. Mit der Gemüsebrühe ablöschen. Die Tomaten grob würfeln. Die Paprika waschen, halbieren, entkernen und in mundgerechte Stücke schneiden. Tomaten, Paprika und das Lorbeerblatt in die Brühe geben. Die Suppe aufkochen und 20 Minuten köcheln lassen. Die Oliven in Scheiben schneiden und zur Suppe geben. Zum Schluss das Fischfilet zugeben und noch einige Minuten ziehen lassen ohne zu kochen. Mit Zitronensaft, Salz und Pfeffer abschmecken. Vor dem Servieren die Petersilie darüber streuen. Die gefüllten Suppenteller mit frischem Basilikum verzieren. Mit etwas frischem Baguette und einem Glas kühlen trockenen Weißwein oder Rosé wird eine vollständige Hauptmahlzeit daraus.

Salate

Blattsalat mit Ziegenkäse	Seite 19
Chicorée-Orangensalat mit Walnüssen	Seite 20
Gurken-Dill-Salat	Seite 20
Feldsalat mit Äpfeln, Nüssen und Champignons	Seite 21
Radicchio-Endivien-Salat	Seite 21
Rindfleischsalat	Seite 22
Salat mit Thunfisch	Seite 22
Schwarzer Rettichsalat	Seite 23
Schwäbischer Kartoffelsalat	Seite 23
Schweizer Wurstsalat	Seite 24
Tomatensalat	Seite 24

*Salat ist ballaststoffreich und magenfüllend.
Dadurch bleibt weniger Platz für die Kohlenhydrate.
Außerdem enthält Salat viele Vitamine,
Mineralstoffe und wertvolle sekundäre Pflanzenstoffe.*

Blattsalat mit Ziegenkäse

Radicchio ist vitamin- und mineralstoffreich und enthält neben vielen Ballaststoffen auch gute sekundäre Pflanzenstoffe und Bitterstoffe, gut für die Verdauung. Ähnliches gilt für Mangold und die anderen Salate. Ziegenfrischkäse ist eiweißreich und kalorienarm, guter Calcium-Lieferant.

300 g	Blattsalate (je nach Saison Romanasalat, Lollo rosso, Frisée-Salat, Feldsalat, Radicchio, Mangold, frische Spinatblätter usw.),
8	Scheiben Ziegenfrischkäse von der Rolle, ca. 1,5 cm dick,
8	Scheiben magerer Frühstücksspeck (Bacon),
1 EL	Honig,
3 EL	Olivenöl,
2 EL	Aceto balsamico,
1	kleine Knoblauchzehe,
1	Prise Selleriepulver,
1	Prise Zucker,
	Salz und Pfeffer aus der Mühle.

Den Salat putzen und waschen und gut abtropfen oder vorsichtig trocken schleudern. Die Salatblätter etwas zerpflücken. In einer großen Salatschüssel Öl und Essig mit der gepressten Knoblauchzehe, dem Selleriepulver und dem Zucker gut verrühren. Mit Salz und Pfeffer abschmecken. Den Salat dazugeben und gut untermischen. Den Salat auf 4 Teller verteilen. Die Ziegenkäsescheiben einzeln mit dem Bacon umwickeln. In einer beschichteten Pfanne einige Tropfen Olivenöl mit dem Honig erhitzen. Die umwickelten Ziegenkäsescheiben kurz von beiden Seiten anbraten. Der Käse sollte dabei nicht zerfließen. Auf alle 4 Teller verteilen und servieren.

Chicorée-Orangensalat mit Walnüssen

Chicorée ist sehr vitamin-, mineralstoff- und eiweißhaltig. Bitterstoffe fördern die Verdauung. Chicorée ist Inulin haltig und gut für das Sättigungsgefühl. Orange ist kalorienarm, sehr wasserhaltig und enthält viel Vitamin C. Joghurt enthält viel Calcium, wenig Fett und viel Eiweiß.

- 6 Chicorée-Herzen,
- 2 Orangen,
- 2 EL Apfelessig oder Aceto balsamico bianco,
- 2 EL Walnussöl,
- 2 EL Honig,
- 3 EL fettarmer Joghurt,
- Salz und Pfeffer aus der Mühle,
- einige Stängel glattblättriger Petersilie,
- 40 g grob gehackte Walnusskerne.

Den Chicorée putzen, waschen, den Strunk ausschneiden und die Blätter klein schneiden. Die Orangen filetieren, die Filets in Stücke schneiden, dabei den Saft auffangen. Das übriggebliebene Fruchtfleisch auspressen. Den Saft mit dem Essig, dem Öl, dem Joghurt und 1 EL Honig verrühren. Mit Salz und Pfeffer abschmecken. Die Walnusskerne mit 1 EL Honig karamellisieren. Die Orangenfilets und den Chicorée zur Salatsoße geben und gut mischen. Die Petersilie in kleine Stücke zupfen und zusammen mit den karamellisierten Walnüssen vor dem Servieren über dem Salat verteilen.

Gurken-Dill-Salat

Gurken enthalten 98% Wasser, sind sehr kalorienarm, wirken entwässernd und verdauungsfördernd. Dill wirkt beruhigend und entblähend. Joghurt ist kalorienarm und eiweißreich und enthält viel Calcium.

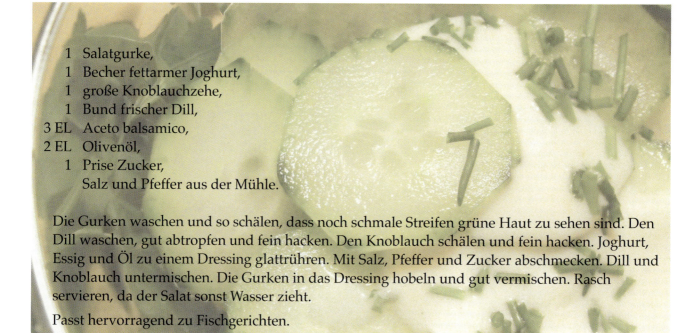

- 1 Salatgurke,
- 1 Becher fettarmer Joghurt,
- 1 große Knoblauchzehe,
- 1 Bund frischer Dill,
- 3 EL Aceto balsamico,
- 2 EL Olivenöl,
- 1 Prise Zucker,
- Salz und Pfeffer aus der Mühle.

Die Gurken waschen und so schälen, dass noch schmale Streifen grüne Haut zu sehen sind. Den Dill waschen, gut abtropfen und fein hacken. Den Knoblauch schälen und fein hacken. Joghurt, Essig und Öl zu einem Dressing glattrühren. Mit Salz, Pfeffer und Zucker abschmecken. Dill und Knoblauch untermischen. Die Gurken in das Dressing hobeln und gut vermischen. Rasch servieren, da der Salat sonst Wasser zieht.

Passt hervorragend zu Fischgerichten.

Feldsalat mit Äpfeln, Nüssen und Champignons

Feldsalat gilt als der gesündeste Salat überhaupt. Vitamin A fürs Auge, nerven- und immunstärkend, viele Mineralstoffe und Folsäure für die Zellbildung. Wird erst seit 100 Jahren kultiviert und war vorher eine Wildpflanze.

300 g	Feldsalat,
4	kleine frische Champignons,
50 g	grob gehackte Walnusskerne, etwas Butter,
3 EL	Himbeeressig,
3 EL	Walnussöl,
1 TL	Honigsenf,
1 TL	Himbeerkonfitüre, Salz und Pfeffer aus der Mühle.

Den Feldsalat putzen, waschen, gut abtropfen lassen oder vorsichtig trocken schleudern. Himbeeressig, Honigsenf und Himbeerkonfitüre glattrühren. Das Walnussöl unterschlagen. Mit Salz und Pfeffer abschmecken. Den Apfel schälen, entkernen und in nicht allzu kleine Würfel schneiden. Die Champignons mit Küchenpapier trocken putzen und in Scheiben schneiden. Die Pilzscheiben und die Apfelwürfel kurz in der in einer beschichteten Pfanne erhitzten Butter schwenken. Den Feldsalat, die Äpfel und die Champignons in das Salatdressing geben und vorsichtig mischen. Den Salat in 4 Schälchen verteilen und mit den Nüssen bestreuen. Sofort servieren.

Radicchio-Endivien-Salat

Radiccio ist Vitamin-B- und mineralstoffhaltig. Seine Bitterstoffe sind gut für die Verdauung. Radicchio und Endivie sind typische Herbst- und Wintersalate.

1	Kopf Endiviensalat,
1	Kopf Radiccio,
50 g	Speckwürfel,
3 EL	Sesamsamen,
2 EL	Aceto balsamico,
3 EL	Olivenöl,
1	Prise Knoblauchgranulat,
1	Prise Selleriesalz,
1	Prise Zucker, Salz und Pfeffer aus der Mühle.

Die Salatköpfe putzen und waschen. Gut abtropfen lassen oder vorsichtig trocken schleudern. Die Blätter in feine Streifen schneiden. Aus Essig und Öl und den Gewürzen das Salatdressing zubereiten, gut vermischen, den Salat unterheben und auf 4 Teller verteilen. Die Speckwürfel und die Sesamsamen in einer beschichteten Pfanne anrösten und vor dem Servieren auf dem Salat verteilen.

Rindfleischsalat

Rindfleisch ist eiweißreich, fett- und kalorienarm und ein guter Eisenlieferant. Rote Paprika enthält viel Vitamin C und Mineralstoffe und ist ebenfalls kalorienarm.

400 g	gekochtes Rindfleisch, z.B. Tafelspitz,
2	mittelgroße Zwiebeln,
1	Knoblauchzehe,
1	rote Paprika,
1	grüne Paprika,
2	mittelgroße Essiggurken,
2 EL	feingeschnittener Schnittlauch,
3 EL	Rapsöl,
2 EL	Aceto balsamico,
1 Prise	Zucker,
	Salz und Pfeffer aus der Mühle.

Haben Sie noch Rindfleisch von der Zubereitung einer Fleischbrühe übrig? Dann bietet sich ein Rindfleischsalat an. Das Rindfleisch zuerst in feine Scheiben und dann in ca. 2 bis 3 cm große Streifen schneiden. Die Zwiebeln und den Knoblauch schälen, fein würfeln. Die Paprika waschen, halbieren, entkernen, dann ebenfalls würfeln, aber nicht so fein. Die Essiggurken fein würfeln. Das Öl, den Essig mit dem Zucker zur Salatsoße verrühren, mit Salz und Pfeffer abschmecken. Den Schnittlauch einrühren. Dann alle restlichen Zutaten dazugeben und vermischen. Den Salat vor dem Servieren 1 bis 2 Stunden im Kühlschrank ziehen lassen.

Mit etwas frischem Brot ergibt sich ein vollwertiges Hauptgericht.

Salat mit Thunfisch und Radieschen

Thunfisch ist eiweißreich und kalorienarm und enthält Omega-3-Fette. Radieschen wirken gegen Pilze und Bakterien, machen schlank und enthalten Vitamin C, Selen, Folsäure und Eisen.

1	Kopf Romanasalat,
1	Bund Radieschen,
1	mittelgroße Dose Thunfisch natur,
2 EL	Rapsöl,
2 EL	Aceto balsamico,
	Saft einer ½ Zitrone,
1 Prise	Zucker,
	Salz und Pfeffer aus der Mühle,
2 EL	fein geschnittener Schnittlauch.

Den Salat putzen, waschen und gut abtropfen lassen. Die Blätter grob zerpflücken. Die Radieschen putzen, waschen und in Scheiben schneiden. Rapsöl, Essig, Zitronensaft und Zucker gut verrühren. Mit Salz und Pfeffer abschmecken. Den Thunfisch abgießen. Den Salat, die Radieschenscheiben und den Thunfisch untermischen. Vor dem Servieren mit den Schnittlauchröllchen bestreuen.

Schwarzer Rettichsalat

Schwarzer Rettich ist krampflösend, antibakteriell und schleimlösend, gut gegen Husten und Unwohlsein. Enthält Vitamin C, Magnesium und Selen.

1	großer, schwarzer Winterrettich,
1	kleine Zwiebel,
5 EL	Saure Sahne,
2 EL	Aceto balsamico bianco,
1 TL	Zucker,
1 EL	gehackte glattblättrige Petersilie,
	Salz und Pfeffer aus der Mühle.

Den Rettich waschen, putzen und mit Küchenpapier abtrocknen. Mit der groben Seite der Küchenreibe raspeln. Gut salzen und ca. 15 Minuten ziehen lassen. Die Zwiebel schälen und in feine Würfel schneiden. Die Sahne, den Essig und den Zucker gut verrühren. Den Rettich, die Zwiebelwürfel und die Petersilie dazu geben und gut verrühren. Mit Salz und Pfeffer abschmecken. Im Kühlschrank 2 Stunden ziehen lassen. Nochmals durchmischen und vor dem Servieren eventuell nachwürzen, da der Rettich viel Wasser abgibt.

Schwäbischer Kartoffelsalat

Kartoffeln enthalten 98% Wasser, 16% Kohlenhydrate und 2% Eiweiß von guter biologischer Wertigkeit. Ihr wertvolles Vitamin C bleibt bei schonender Zubereitung im Schnellkochtopf erhalten. Erst nach dem Kochen schälen. Grüne Stellen entfernen, da sie Solanine enthalten (giftig).

750 g	festkochende Salatkartoffeln,
2	große Zwiebeln,
200 ml	heiße Fleischbrühe,
3 EL	Weißweinessig oder
	Aceto balsamico bianco,
3 EL	Rapsöl,
2 EL	Senf,
1 Prise	granulierter Knoblauch,
1 Prise	Zucker,
	Salz und Pfeffer aus der Mühle,
2 EL	fein geschnittener Schnittlauch.

Falls Sie sich wundern, in diesem Kochbuch einen Kartoffelsalat mit recht vielen Kohlenhydraten zu finden, dann seien Sie beruhigt. Die Zubereitungsart sorgt für einen niedrigen glykämischen Index. Dadurch werden die Kohlenhydrate nur langsam ins Blut aufgenommen. Sie bleiben dadurch länger satt und essen weniger. Und außerdem – wie immer, die Menge macht´s.

Die Kartoffeln ungeschält ca. 20 Minuten kochen. Etwas abkühlen lassen. In der Zwischenzeit die Zwiebeln schälen und sehr fein würfeln. Essig, Öl und Senf in einer großen Schüssel gut verrühren. Die Zwiebeln dazugeben. Das Knoblauchgranulat und den Zucker unterrühren. Die Kartoffeln schälen und in Scheiben schneiden und zur Salatsoße geben. Die heiße Fleischbrühe darüber gießen und das Ganze vorsichtig unterheben. Eventuell mit Salz, Pfeffer und Essig nochmal abschmecken, da die Kartoffeln viel Geschmack aus der Soße ziehen. Man kann auch zusätzlich eine ungeschälte, gehobelte Salatgurke untermischen. Dabei muss man jedoch aufpassen, dass das Ganze nicht zu wässrig wird. Vor dem Servieren mit dem Schnittlauch bestreuen.

Schweizer Wurstsalat

Fleischwurst ist eiweißreich, ebenso der Bergkäse, der auch viel Calcium enthält. Dieser Salat ist nicht ganz fettarm.

400 g	Fleischwurst,
200 g	Bergkäse,
4	Essiggurken,
2	mittelgroße Zwiebeln,
3 EL	Aceto balsamico bianco,
3 EL	Rapsöl,
3 EL	Wasser,
½ TL	edelsüßes Paprikapulver oder nach Geschmack ¼ TL scharfes Paprikapulver,
1	Prise Zucker,
	Salz und Pfeffer aus der Mühle.

Die Fleischwurst erst in Scheiben, dann in feine Streifen schneiden. Die Zwiebel schälen, halbieren und dann in feine Halbringe schneiden. Käse und Gurken ebenfalls in feine Streifen schneiden. Die übrigen Zutaten zu einem Dressing verrühren. Wurst, Käse, Gurken und Zwiebel dazu geben und gut vermischen. 1 – 2 Stunden im Kühlschrank ziehen lassen.

Mit etwas frischem Baguette ist es eine Hauptmahlzeit.

Tomatensalat

Tomaten sind prima! Sie sind kalorienarm, ballaststoffreich und enthalten neben Vitamin C und Kalium das Lykopin – ein wertvoller sekundärer Pflanzenstoff. Es schützt vor Prostata- und Magenkrebs und ist gut für das Gehirn. Herbes de Provence enthalten vor allem Thymian, Rosmarin, Oregano, Majoran und Bohnenkraut, wenn möglich als Wildkräuter.

6	reife, aber nicht weiche Romana-Tomaten,
1	kleine Zwiebel,
1	Knoblauchzehe,
2 EL	Aceto balsamico,
3 EL	Olivenöl,
1	Prise Zucker, französische Kräuter (Herbes de Provence),
	Salz und Pfeffer aus der Mühle und einige frische Basilikumblätter

Die Tomaten waschen und mit Küchenpapier abtrocknen. Halbieren und die hellen Strünke ausschneiden. Die Hälften in nicht zu dünne Scheiben schneiden und beiseite stellen. Die Zwiebel schälen, halbieren und die Hälften nochmals längs halbieren. Die so entstandenen Viertel quer in dünne Scheiben schneiden. Den Knoblauch schälen und in ganz feine Würfel schneiden. Das Dressing aus dem Essig und dem Olivenöl aufschlagen. Kräuter, Zwiebel und Knoblauch unterrühren. Mit Zucker, Salz und Pfeffer abschmecken. Die Tomaten zum Dressing geben und gründlich, aber schonend durchmischen. Wer will, kann auch 100 g Schafs- oder Ziegenkäsewürfel dazu geben. Den Salat im Kühlschrank eine halbe Stunde ziehen lassen. Vor dem Servieren die zerpflückten Basilikumblätter darüber verteilen.

Mit Käsewürfeln und etwas frischem Baguette ist es ein leichtes Hauptgericht für heiße Sommertage.

Hauptgerihte

Allgäuer Kässpatzen	Seite 26
Allgäuer Krautkrapfen	Seite 27
Entenbrustfilets	Seite 27
Fenchelauflauf	Seite 28
Gefüllte Tomaten	Seite 29
Hirschkalbsbraten	Seite 30
Kalbsleber „Berliner Art"	Seite 31
Kräuterflädle mit Salat	Seite 31
Lammkotelett mit Ratatouille und Ofenkartoffeln	Seite 32
Mediterraner Fischauflauf	Seite 33
Mediterrane Hähnchenkeule	Seite 33
Omelette mit Pilzragout	Seite 34
Pfannkuchen gefüllt mit Ratatouille	Seite 34
Saltimbocca alla Romana	Seite 35
Zwiebelrostbraten	Seite 35

*Diese Hauptgerichte enthalten zum Teil nicht ganz geringe Mengen an Kohlenhydraten, so z.B. Allgäuer Kässpatzen oder die Krautkrapfen. Sie sind jedoch unbedenklich, weil sie entweder durch ihre Zubereitung einen niedrigen glykämischen Index haben oder einfach in Maßen genossen werden sollten.
Wie so oft: Die Menge macht's.*

Allgäuer Kässpatzen

100 g Bergkäse decken den Tagesbedarf an Calcium. Er enthält neben 30% Eiweiß weitere Mineralstoffe und Vitamin A und B. Er ist praktisch laktosefrei.

500 g	Mehl,
2 EL	Hartweizengrieß,
5	Eier,
1/8 l	Mineralwasser,
300 g	gut gereifter Bergkäse,
50 g	Weißlacker (ist Geschmackssache, geht auch ohne),
3	große Zwiebeln,
	Rapsöl,
	Salz und Pfeffer,
3 EL	fein geschnittener Schnittlauch.

Das Mehl, den Grieß, die Eier und das Wasser und nicht zu wenig Salz mit den Knetarmen des Handrührgerätes zu einem zähflüssigen Teig verarbeiten. Der Teig hat die richtige Konsistenz, wenn sich Blasen bilden. Eventuell mit Mehl oder Wasser korrigieren. Den Teig etwas stehen lassen. Die Zwiebel schälen, in Halbringe schneiden und mit etwas Rapsöl anbräunen. Den Käse reiben. In einem großen Topf viel Salzwasser zum Kochen bringen. Eine große Schüssel im Backrohr bei 80° C vorwärmen. Den Teig portionsweise mit einem Spätzlehobel in das Wasser hobeln. Wenn die Spatzen oben schwimmen, noch kurz weiter kochen lassen. Dann mit einer Schaumkelle heraus schöpfen und in die vorgewärmte Schüssel geben. Eine Portion Käse und Zwiebeln darauf verteilen und etwas Pfeffer darüber mahlen. Die Schüssel wieder ins Backrohr stellen. Mit dem restlichen Teig genauso verfahren. Zwischenzeitlich gegebenenfalls Kochwasser nachfüllen, nachsalzen. Zum Schluss den Schüsselinhalt gut vermischen und vor dem Servieren mit dem Schnittlauch bestreuen.

Dazu gehört ein gemischter Blattsalat und wer möchte – ein Glas Bier oder Rotwein.

Allgäuer Krautkrapfen

Sauerkraut ist Powernahrung. Es wirkt probiotisch auf die Darmflora ist kalorienarm, mineralstoffreich und ballaststoffreich. Gut für das Immunsystem und Vitamin-C-haltig. Die Buttersäure im Butterschmalz senkt das Krebsrisiko.

500 g	Mehl,
3	Eier,
¼ l	Wasser,
750 g	Sauerkraut,
200 g	Speckwürfel durchwachsen,
1	Zwiebel,
	etwas Butterschmalz,
	Kümmel, Salz und Pfeffer.

Mehl, Eier, Wasser und eine Prise Salz zu einem Nudelteig verkneten. Etwas ruhen lassen. Zwiebel schälen und fein würfeln. Das Sauerkraut gut abtropfen und ausdrücken. Zwiebel- und Speckwürfel mit etwas Butterschmalz anschwitzen. Das Sauerkraut dazu geben und etwas anrösten. Mit Salz, Pfeffer und Kümmel abschmecken. Beiseite stellen und abkühlen lassen. Den Teig in zwei Portionen teilen und jede Portion auf einer bemehlten Arbeitsfläche zu dünnen Rechtecken ausrollen. Das Kraut auf die beiden Rechtecke gleichmäßig verteilen. Von der Längsseite her aufrollen und in 4 bis 5 cm breite Scheiben schneiden. Diese in Butterschmalz bei mittlerer Hitze von beiden Seiten braun anbraten. Dazu gibt es einen gemischten Blattsalat. Wenn Sie die Speckwürfel weglassen, haben Sie ein vegetarisches Gericht. Allerdings schmeckt es nicht mehr ganz so herzhaft.

Entenbrustfilet mit Wirsing und Risoléekartoffeln

Entenbrust ist sehr eiweißreich und vergleichsweise kalorienarm. Wirsing ist ein Alleskönner. Er ist kalorienarm, ballststoffhaltig, vitaminhaltig (Vitamin A, B, und C) und mineralstoffhaltig (Calcium und Eisen). Als typisches Wintergemüse schmeckt er besonders gut, wenn er den ersten Frost abbekommen hat. Die Risoléekartoffeln bewusst genießen, sie sind nicht gerade fett- und kalorienarm: Die Menge macht´s.

2	frische Entenbrustfilets,
1 EL	Honig,
1	kleiner Kopf Wirsing,
1	Zwiebel,
50 g	magere Speckwürfel,
	etwas Rapsöl,
200 ml	Sahne,
200 ml	Gemüsebrühe,
700 g	Kartoffeln,
100 ml	Olivenöl,
1 TL	Kümmel,
	Muskatnuss,
	Knoblauchgranulat,
1 TL	französische Kräuter,
1 Prise	Zucker,
	Salz und Pfeffer aus der Mühle.

Die Kartoffeln schälen und in kleine Würfel (1 x 1 cm) schneiden, waschen und gut abtrocknen. Im Öl gründlich schwenken und auf ein mit Backpapier ausgelegtes Backblech gleichmäßig verteilen. Im vorgeheizten Backrohr bei 180° C bis zum gewünschten Bräunungsgrad ca. 30 Minuten backen. In eine Schüssel geben und mit etwas Salz und Knoblauch vorsichtig mischen. In der Zwischenzeit die Entenbrustfilets, falls nötig, mit Küchenpapier trocken tupfen und die Hautseite mit einem sehr scharfen Messer rautenförmig einschneiden. Vorsicht, nur Haut und Fettschicht einschneiden, nicht bis ins Fleisch. Mit Salz, Pfeffer und Knoblauch würzen. Mit ganz wenig Öl auf beiden Seiten scharf anbraten, auf der Hautseite zuerst. Die Filets herausnehmen und im vorgeheizten Backrohr bei 180° C 10 bis 15 Minuten weiter garen. Das können sie auch mit den Kartoffeln gemeinsam machen. Im Bratensatz den Honig leicht karamellisieren und mit Orangensaft ablöschen. Die Soße etwas reduzieren und mit den Kräutern, Pfeffer und Salz abschmecken. Den Wirsing waschen, trocknen und in Viertel schneiden. Die Strünke entfernen und den Wirsing in mundgerechte Stücke schneiden. In reichlich ungesalzenem Wasser ca. 10 Minuten blanchieren. Die Zwiebel schälen, fein würfeln und mit den Speckwürfeln in etwas Rapsöl anbraten. Mit Sahne und Gemüsebrühe ablöschen. Kümmel und etwas geriebene Muskatnuss zugeben. Die Sauce auf die Hälfte reduzieren. Mit Zucker, Salz und Pfeffer abschmecken. Den Wirsing in die Soße geben und nochmal kurz vorsichtig aufkochen. Die Entenbrustfilets in ca. 2 cm dicke Streifen schneiden – quer zur Faser. Auf einem Soßenspiegel anrichten und mit dem Wirsing und den Risoléekartoffeln servieren.

Über ein Glas Rotwein aus dem Burgund würde sich die Ente freuen.

Fenchelauflauf

Fenchel: Gut für die Verdauung und für Leber und Niere. Calcium-, kalium- und eisenhaltig. Wirkt entzündungshemmend und durchblutungsfördernd und ist kalorienarm und ballaststoffreich. Tomatenmark enthält die wertvollen Lykopine.

4	Fenchelknollen,
500 g	gemischtes Hackfleisch,
1	Zwiebel,
1	Knoblauchzehe,
2	Tomaten,
1 EL	Tomatenmark,
½ TL	französische Kräuter (Herbes de Provence),
1	Mozzarella,
100 g	geriebener Emmentaler,
	Salz und Pfeffer aus der Mühle, Olivenöl.

Die Fenchelknollen waschen, halbieren und den Strunk ausschneiden. Etwas Fenchelgrün beiseite legen. Den Fenchel in ungesalzenem Wasser 10 Minuten kochen. Die Zwiebel und den Knoblauch schälen und fein würfeln. In etwas Olivenöl anbraten und das Hackfleisch dazugeben und weiter braten, bis das entstandene Kochwasser verdunstet ist. Mit den Kräutern, Salz und Pfeffer würzen. Das Tomatenmark untermischen. Das Hackfleisch in einer gefetteten Auflaufform glatt verteilen. Die Tomaten in Scheiben schneiden und auf das Fleisch legen, darauf die Fenchelhälften mit der glatten Seite nach unten. Wenig salzen und pfeffern. Die Mozzarella in Scheiben schneiden und auf den Fenchel legen, den Reibekäse gleichmäßig darüberstreuen. Im vorgeheizten Backrohr bei 180° C 20 Minuten überbacken. Mit dem Fenchelgrün garnieren.

Als Beilage mit wenig Salzkartoffeln servieren.

Gefüllte Tomaten

Tomaten enthalten, wie bereits erwähnt, die wertvollen Lykopine. In erwärmten Zustand entfalten sie sich besonders gut. Hackfleisch ist sehr eiweißreich und vergleichsweise fettarm. Es ist vitaminhaltig, eisenhaltig und muss möglichst frisch verwendet werden.

- 8 große, feste Tomaten,
- 500 g gemischtes Hackfleisch,
- 3 Knoblauchzehen,
- 2 EL Semmelbrösel,
- 1 Ei,
- 50 g magere Speckwürfel,
- Olivenöl,
- 2 TL französische Kräuter (Herbes de Provence),
- 2 EL gehackte Petersilie,
- 100 g geriebener Emmentaler,
- 2 EL Tomatenmark,
- 1 Prise Zucker,
- Salz und Pfeffer aus der Mühle.

Von den Tomaten die Deckel abschneiden und aufbewahren. Die Tomaten mit einem scharfkantigen Suppenlöffel aushöhlen. Das Fruchtfleisch aufbewahren. Zwiebel und Knoblauch schälen und fein würfeln. Die Hälfte der Zwiebeln und zwei Drittel des Knoblauchs zum Fleisch geben. Mit dem Ei, den Semmelbröseln, den Speckwürfeln, der Petersilie, 1 TL französischer Kräuter und etwas Olivenöl gründlich unter das Fleisch mischen. Salzen und pfeffern, nochmals gut mischen. Fleischmasse in die Tomaten füllen. Tomaten in eine gefettete Auflaufform legen. Im vorgeheizten Backrohr bei 180° C ca. 30 Minuten backen. Kurz vor Ende der Backzeit den Käse auf die Tomaten verteilen. Die Mitte aus den Tomatendeckeln ausschneiden, die Deckel würfeln. Das Fruchtfleisch klein schneiden, dabei die Strünke entfernen. Die restlichen Zwiebeln und den Knoblauch in einem Topf mit etwas Olivenöl anschwitzen. Tomatendeckel und Fruchtfleisch dazugeben und zusammen mit dem Tomatenmark und 1 TL Kräuter zu einer fruchtigen Tomatensoße einkochen. Mit Salz, Pfeffer und Zucker abschmecken. Die gefüllten Tomaten mit der Soße anrichten.

Etwas Wildreis passt prima dazu.

Hirschkalbsbraten

Hirschfleisch ist sehr fettarm und eiweißhaltig und enthält viel B-Vitamine und Eisen. Die übrigen Zutaten sind ballststoffreich und reich an sekundären Pflanzenstoffen. Insbesondere die Maronen sind glutenfrei und enthalten biologisch besonders günstige Kohlenhydrate. Sie haben einen besonders guten glykämischer Index und sind sehr ballaststoffhaltig.

- 800 g gut gereifter Hirschkalbsbraten aus der Keule,
- 3 Frühlingszwiebeln,
- 1 große Möhre,
- 1 Knoblauchzehe,
- 1 Orange,
- 2 Lorbeerblätter,
- 10 Wacholderbeeren,
- 1 TL ganzer schwarzer Pfeffer,
- je ein Zweig Rosmarin und Thymian,
- 1 Flasche Maury (natürlicher Süßwein),
- Salz und Pfeffer aus der Mühle,
- 100 g frische Pfifferlinge,
- 25 g Bitterschokolade,
- 500 g TK Blaukraut,
- 1 Apfel,
- 100 g gegarte Maronen,
- Butterschmalz, Butter, Zimt,
- 800 g TK Röstitaler.

Frühlingszwiebel mit dem Grün kleinschneiden. Möhre schälen und in grobe Scheiben schneiden. Den Knoblauch fein würfeln. Die Orange sauber schälen und in Würfel schneiden. Den Maury in eine Schüssel gießen. Die Zwiebel, die Möhre, den Knoblauch, die Orange, die Lorbeerblätter, den Wacholder, die Nelken, den Pfeffer, Rosmarin, Thymian und einer kräftigen Prise Salz zum Wein geben und gut vermischen. Das Fleisch einlegen. Die Schüssel sollte so groß sein, dass das Fleisch mit Flüssigkeit bedeckt ist. Das Fleisch 48 Stunden im Kühlschrank zugedeckt marinieren lassen, dabei ab und zu umwenden. Das Fleisch aus der Marinade nehmen und mit Küchenpapier abtrocknen. Die Marinade durchseihen, die Flüssigkeit in einem offenen Topf sprudelnd aufkochen und auf 1/3 der ursprünglichen Menge reduzieren. Das Backrohr auf 120° C vorheizen. Das Fleisch mit etwas Butterschmalz von allen Seiten in einem Bräter scharf anbraten. Mit ca. 100 ml Marinade ablöschen. Im Backrohr 40 bis 60 Minuten sanft schmoren lassen, je nach gewünschtem Garzustand, rosa bis durch. Dabei immer wieder mit Marinade übergießen. Das Fleisch mit Alufolie einwickeln und ruhen lassen. Die restliche Marinade zum Bratensatz geben und weiter reduzieren. Die geputzten Pfifferlinge in etwas Butter kurz anbraten und zusammen mit der grob gehackten Schokolade in die Soße geben. Eventuell mit Salz und Pfeffer abschmecken. Das Blaukraut nach Anweisung zubereiten. Den Apfel schälen, entkernen und würfeln. Die Würfel zusammen mit den Maronen in Butterschmalz schwenken und zum Blaukraut geben. Mit etwas Zimt abschmecken. Die Röstitaler nach Anweisung zubereiten. Den Braten in Scheiben schneiden und auf einem Soßenspiegel mit Blaukraut und Röstitalern servieren.

Fast ein „Muss" ist dazu ein kräftiger Rotwein aus dem Roussillon, warum nicht aus Maury?

Kalbsleber „Berliner Art"

Kalbsleber ist sehr calcium- und Vitamin-A-haltig, gut für Hirn und Magen. Vorsicht: Sehr purinhaltig, schlecht für Gichtpatienten und Schwangere. Nicht mehr als einmal pro Monat genießen. Zwiebeln haben viel Power: Sekundäre Pflanzenstoffe fördern die Insulinausschüttung, schützen vor Diabetes, verdünnen das Blut und fördern die Gewichtsreduktion.

- 4 Scheiben Kalbsleber,
- etwas Milch,
- etwas Mehl,
- 2 Zwiebeln,
- 2 säuerliche Äpfel,
- 8 Scheiben Frühstücksspeck (Bacon),
- Butterschmalz,
- etwas Zucker,
- Salz und Pfeffer aus der Mühle.

Die Leberscheiben in Milch legen. Zwiebeln schälen, halbieren und in Halbringe schneiden. Äpfel schälen, Kerngehäuse entfernen und in nicht zu dünne Ringe schneiden. Den Frühstücksspeck in wenig Butterschmalz kross braten und warm stellen. Zwiebeln in derselben Pfanne mit Butterschmalz bräunen und warm stellen. Mit den Apfelringen genauso verfahren, sie sollten aber nicht zu weich werden. Die Leberscheiben in Mehl wenden und in derselben Pfanne in Butterschmalz von beiden Seiten wenige Minuten anbraten. Wenn kein Blut mehr austritt, sind sie fertig. Mit Salz und Pfeffer würzen und auf vorgewärmten Tellern anrichten. Den Bratensatz mit Wasser ablöschen und etwas einkochen lassen, eventuell mit Salz, Pfeffer und einer Prise Zucker abschmecken. Die Leberscheiben mit je zwei Scheiben Bacon, den Apfelringen und den Zwiebeln belegen. Etwas Soße darüber gießen. Dazu passt Kartoffelpüree und ein grüner Blattsalat.

Ein Glas frischer Grauburgunder würde das Ganze abrunden.

Kräuterflädle mit Salat

Spinat schützt die Augen und senkt das Krebsrisiko. Er ist kalorienarm und ballaststoffhaltig. Die Wunderknolle Knoblauch enthält viel Eiweiß, wertvolle Pflanzenfette, ätherische Öle und Vitamine. Sein Schwefelgehalt sorgt für eine schnelle Vitaminaufnahme und wirkt schleimlösend.

- 1 kleine Packung TK-Spinat püriert,
- 5 EL frische gehackte Kräuter
  (z.B. Schnittlauch, Petersilie, Kerbel, Dill, etwas Thymian etc.),
- 1 Zwiebel,
- 2 Knoblauchzehen.

Nach dem Rezept auf Seite 34 einen Pfannkuchenteig zubereiten. Den aufgetauten Spinat und die Kräuter dazugeben. Zwiebel und Knoblauch schälen und fein hacken oder schneiden. Ebenfalls zum Teig geben und gut vermischen. Bei Bedarf etwas nachsalzen. In einer beschichteten Pfanne Rapsöl erhitzen und den Teig portionsweise zu Flädle backen. Mit frischem grünem Blattsalat oder Tomatensalat servieren.

Lammkotelett mit Ratatouille und Ofenkartoffeln

Lamm ist besonders wertvoll. Es enthält Vitamin A, B12 und Folsäure. 100 g decken den Tagesbedarf an Vitamin B12. Außerdem hat es viele Mineralstoffe und ist sehr eiweißreich und kalorienarm. Die wertvollen sekundären Pflanzen- und Mineralstoffe aus dem Ratatouille, das zudem eiweißreich und kalorienarm ist, kommen hinzu. Die Kartoffeln bringen zwar etwas Kohlenhydrate mit, sind aber aufgrund der Zubereitung unbedenklich und Vitamin-C-haltig. Die Menge macht´s.

8	Lammkoteletts,
	Saft einer Zitrone,
2	Zucchini,
2	Paprika, rot und gelb,
2	Tomaten,
2	Zwiebeln,
4	Knoblauchzehen,
2 EL	Tomatenmark,
	Weinessig,
	etwas Zucker,
800 g	längliche Kartoffeln,
	Olivenöl,
	Knoblauchgranulat,
	französische Kräuter,
	Paprikapulver, edelsüß,
	Salz und Pfeffer aus der Mühle.

Aus 100 ml Olivenöl, dem Zitronensaft, 2 TL Kräuter, 1 TL Salz und einer Prise Zucker eine Marinade anrühren. Die Koteletts einlegen, gut vermischen und über Nacht im Kühlschrank ziehen lassen. Ab und zu wenden. Das Gemüse putzen, waschen und in grobe Würfel schneiden. Die Zwiebel und den Knoblauch schälen und fein würfeln und in Olivenöl anbraten. Nach und nach die Gemüsewürfel mit anbraten, die Tomaten zuletzt dazugeben. Dann die Hitze zurücknehmen und einen Schuss Weinessig und 2 TL Kräuter zugeben. Das Gemüse im zugedeckten Topf im eigenen Saft köcheln lassen, notfalls wenig Wasser zugeben. Am Ende der Garzeit das Tomatenmark unterrühren, mit Salz, Pfeffer und einer Prise Zucker abschmecken. Die Kartoffeln waschen, abtrocknen und ungeschält in längliche Schnitze schneiden und mit der Schalenseite auf ein mit Backpapier ausgelegtes Backblech legen. Die Schnittflächen mit Olivenöl bepinseln. Mit Knoblauch, Kräuter, Paprikapulver, Salz und Pfeffer würzen und im vorgeheizten Backofen bei 180° C etwa 30 bis 40 Minuten bis zum gewünschten Bräunungsgrad backen. Die Lammkoteletts aus der Marinade nehmen und ohne weitere Fettzugabe wenige Minuten von beiden Seiten scharf anbraten, am besten in einer Grillpfanne. Mit dem Ratatouille und den Ofenkartoffeln anrichten.

Wer möchte, trinkt dazu ein Glas frischen, fruchtigen Rosé aus dem Languedoc oder natürlich einen Bordeaux.

Mediterraner Fischauflauf

Fisch ist genial. Viel Eiweiß, wenig Kalorien, günstige Omega-3-Fette und viele Mineralstoffe. Gut für Blutgefäße, Nerven und Gehirn und gegen Stress. Das Gemüse bringt die wertvollen sekundären Pflanzenstoffe und Mineralien mit und ist auch kalorienarm und eiweißreich. Die Zitrone bringt viel Vitamin C mit. Dieses Gericht zeigt die Grundphilosophie dieses Kochbuches am deutlichsten.

- 500 g Fischfilet, z.B. Seelachs,
- 1 Aubergine,
- 2 Zucchini,
- je eine rote und gelbe Paprika,
- 4 Tomaten,
- 1 Zwiebel,
- 1 Knoblauchzehe,
- Saft einer Zitrone, Olivenöl,
- 1 TL französische Kräuter (Herbes de Provence),
- Salz und Pfeffer aus der Mühle.

Das Gemüse waschen und trocknen. Die Aubergine und die Zucchini in Scheiben schneiden. Die Paprika halbieren, entkernen und in mundgerechte Stücke schneiden, Die Zwiebel und den Knoblauch schälen und würfeln. Zwiebel und Knoblauch mit etwas Olivenöl anbraten. Das Gemüse zugeben und 10 Minuten weiter braten. Alles in eine gefettete Auflaufform geben. Tomaten in Scheiben schneiden, auf das Gemüse legen. Etwas salzen und pfeffern. Das Fischfilet mit Zitronensaft beträufeln und vorsichtig salzen und pfeffern und auf die Tomaten legen. Die Kräuter darüber streuen und ein paar Tropfen Olivenöl zugeben. Im vorgeheizten Backrohr bei 180° C 20 Minuten backen. Dazu passt ein frischer Gurken-Dill-Salat mit Joghurt-Knoblauch-Dressing und eventuell ein Stück frisches Baguette.

Möchte noch jemand ein kühles Glas Sancerre dazu?

Mediterrane Hähnchenkeule

Hähnchen ist kalorienarm, fettarm und eiweißreich. Es enthält viele Vitamine der B-Gruppe. Gut für Nerven und Immunsystem. Olivenöl ist das Powerpflanzenöl, reich an ungesättigten Fettsäuren und sekundären Pflanzenstoffen. Deshalb finden Sie es neben Rapsöl in den meisten Rezepten dieses Kochbuches.

- 4 große, frische Hähnchenkeulen,
- 8 Kirschtomaten,
- 2 Knoblauchzehen,
- Saft einer Zitrone,
- 2 EL Honig,
- 4 EL Olivenöl,
- 2 TL italienische Kräuter,
- Paprikapulver, edelsüß,
- Salz und Pfeffer aus der Mühle.

Eine Auflaufform mit Olivenöl auspinseln. Die Hähnchenkeulen hinein legen und ebenfalls mit Öl bepinseln. Den Honig und den Zitronensaft darüber träufeln. Knoblauch schälen, sehr fein hacken und auf den Keulen verteilen. Mit den Kräutern, Paprikapulver, Salz und Pfeffer würzen. Die Tomaten waschen und halbieren und in den Zwischenräumen der Hähnchenkeulen verteilen. Im vorgeheizten Backrohr bei 160°C 40 bis 50 Minuten backen. Falls nötig, am Ende der Garzeit Hitze erhöhen für eine ausreichende Bräunung.

Dazu gibt es einen gemischten Blattsalat und etwas Baguette.

Omelette mit Pilzragout

Pilze sind eiweißreich, kalorienarm, vitamin- und mineralstoffhaltig und vor allem wohlschmeckend. Eier sind sehr eiweißreich. Sie enthalten Vitamin A, B2, D, E, Biotin, Niacin, Eisen und Zink.
Keine Angst vor dem Cholesterin, die positive Wirkung überwiegt.

8	Eier,
50 ml	Milch,
	Butter,
500 g	gemischte frische Pilze, am besten Steinpilze, Pfifferlinge und Champignons,
1	Zwiebel,
1	Knoblauchzehe,
1	Tomate,
1 EL	Tomatenmark,
1 EL	fein gehackte Petersilie,
½ TL	italienische Kräuter,
1	Prise Zucker,
	Salz und Pfeffer aus der Mühle.

Die Pilze sparsam putzen und mit einem Küchenpapier trocken abreiben. In grobe Stücke schneiden. Die Zwiebel und den Knoblauch schälen, fein würfeln und in etwas Butter anbraten. Nichtvegetarier können noch 50 g Speckwürfel mitbraten. Dem Geschmack tut es gut. Die gewürfelte Tomate und die Pilze zugeben. Im zugedeckten Topf bei milder Hitze 10 Minuten köcheln lassen. Das Tomatenmark, die Petersilie und die Kräuter untermischen, mit Salz, Pfeffer und Zucker abschmecken. Eier, Milch und Wasser verquirlen, mit Salz abschmecken. Etwas Butter in einer beschichteten Pfanne erhitzen und portionsweise 4 Omelettes backen. Mit dem Pilzragout und einem frischen Blattsalat servieren.

Ein Glas kühler Grüner Veltliner könnte dazu nicht schaden.

Pfannkuchen gefüllt mit Ratatouille

Im Ratatouille (übersetzt: „der Fraß") sind Auberginen, Zucchini, Tomaten, Paprika Zwiebel und Knoblauch und somit deren wertvolle sekundären Pflanzenstoffe, Vitamine und Mineralstoffe. Es ist zudem kalorienarm. Der Reibekäse liefert Calcium.

500 g	Mehl,
5	Eier,
½ l	Milch,
100 ml	Mineralwasser,
1	Prise Zucker,
1	Prise Salz, etwas Rapsöl,
	Ratatouille,
100 g	geriebener Emmentaler.

Nach dem Rezept von Seite 32 ein Ratatouille zubereiten und warm stellen. Mehl, Eier, Milch, Wasser, Zucker und Salz zu einem Teig verrühren. Daraus in einer Pfanne mit Rapsöl Pfannkuchen backen. Die Pfannkuchen mit Ratatouille füllen und aufrollen. In eine gefettete Auflaufform schichten und mit dem Reibekäse bestreuen. Im auf 160° C vorgeheizten Backrohr 10 Minuten überbacken. Mit grünem Blattsalat servieren.

Saltimbocca alla Romana

Kalbfleisch ist eiweißreich, fettarm und reich an Vitamin B. Salbei enthält viele wertvolle sekundäre Pflanzenstoffe. Es wirkt gegen Entzündungen, ist antibakteriell und schweißhemmend. Seine Heilwirkung war schon in der Antike bekannt und wurde auch zur Pestbekämpfung eingesetzt.

4	dünne Kalbsschnitzel,
4	Scheiben Parmaschinken,
4	frische Salbeiblätter,
	Butter,
100 ml	Weißwein,
100 ml	Gemüsebrühe,
	Knoblauchgranulat,
	Salz und Pfeffer.

Auf die Schnitzel je ein Salbeiblatt und darauf eine Scheibe Parmaschinken legen. Die Unterseite der Schnitzel mit Salz, Pfeffer und Knoblauch würzen. Von beiden Seiten in etwas Butter kurz scharf anbraten. Die Schnitzel herausnehmen und warm stellen. Den Bratensatz mit Weißwein und Gemüsebrühe ablöschen. Etwas einkochen lassen und 2 EL Butter unterschlagen, eventuell noch etwas nachwürzen. Als Beilage passen Tagliatelle und ein frischer Tomatensalat.

Ein kühles Glas Chardonnay aus dem Piemont rundet das Ganze, für den, der mag, ab.

Zwiebelrostbraten mit Kartoffelsalat

Rindfleisch ist vergleichsweise fett- und kalorienarm und Vitamin-B-haltig. Die Vorzüge von Zwiebeln und Kartoffelsalat wurden bereits beschrieben.

4	Scheiben gut gereifter Rostbraten,
2	große Zwiebeln,
	etwas Butterschmalz, Knoblauch-
	granulat, Salz und Pfeffer,
1 EL	Tomatenmark.

Die Zwiebeln schälen, halbieren und in Halbringe schneiden. In etwas Butterschmalz bräunen. Den Rostbraten 30 Minuten vor der Zubereitung aus dem Kühlschrank nehmen. Die Fettränder etwas einschneiden, dass sich das Fleisch beim Braten nicht wölbt. Die Scheiben von beiden Seiten mit Salz, Pfeffer und Knoblauch würzen. Von beiden Seiten in der Pfanne, in der die Zwiebeln angebraten wurden, ohne das Fett zu wechseln, wenige Minuten scharf anbraten. Einige Minuten auf einem vorgewärmten Teller ruhen lassen. In der Zwischenzeit den Bratensatz mit etwas Wasser ablöschen, das Tomatenmark einrühren und eventuell noch etwas nachwürzen. Auf vier vorgewärmten Tellern einen Soßenspiegel bilden, die Fleischscheiben darauf legen und die Rostzwiebel auf dem Fleisch verteilen. Dazu passt ein lauwarmer schwäbischer Kartoffelsalat (Rezept siehe Seite 23).

Ein Schwabe würde dazu ein Viertele Trollinger genießen. Mit einem Glas trockenen Merlot z.B. haben Sie sicher das nachhaltigere Geschmackserlebnis.

Nachspeisen

Auch Nachspeisen können kalorienarm und eiweißhaltig sein. Hier steht allerdings der Genuss im Vordergrund.

Ananasquark	Seite 37
Bratäpfel	Seite 37
Frische Erdbeeren mit Zitronenjoghurt	Seite 38
Obstsalat mit Nüssen	Seite 38
Rote Grütze	Seite 39
Schokotörtchen	Seite 39

Ananasquark

Ananas enthält abschwellende und entzündungshemmende Enzyme. Sie ist süß, wirkt aber dennoch stabilisierend auf den Blutzucker. Quark enthält viel Calcium für den Knochen. Also ist beides gut bei Diabetes und Osteoporose. Vanille wirkt nervenberuhigend.

- 1 frische, reife Ananas,
- 500 g Magerquark,
- etwas Milch,
- 1 Vanilleschote (oder ein Päckchen Vanillezucker),
- 50 g helle, kernlose Rosinen.

Die Rosinen in einem Glas mit warmem Wasser einweichen. Die Ananas schälen und in 2 cm dicke Scheiben schneiden. Den Strunk in der Mitte ausschneiden. Die Scheiben in gleichmäßige Stücke schneiden. Während der ganzen Prozedur den Ananassaft auffangen. Den Quark mit dem Saft und etwas Milch in einer Schüssel glattrühren. Die Anansasstückchen und den Inhalt der Vanilleschote (den Vanillezucker) unterrühren. Die Rosinen abgießen und darunter rühren.

Den Quark vor dem Servieren eine Stunde im Kühlschrank ziehen lassen. Das erfrischt.

Bratäpfel

Äpfel sind ein Bio-Powerprodukt: Sie sind kalorienarm, eiweißreich und reich an sekundären Pflanzenstoffen. Vor allem das Quercetin aus der Schale ist gut für das Gehirn. Der Blutzucker wird stabilisiert, und damit der Appetit reguliert. Er senkt das Cholesterin besser als manches Medikament. Honig wirkt antibakteriell, schmerzlindernd und ist gut für die Nerven. Er war bereits im alten Ägypten ein beliebtes Heilmittel, bereits 2600 v. Chr. wurden über 500 Anwendungen beschrieben.

- 4 große säuerliche Äpfel, z.B. Boskop,
- 25 g geriebene Mandeln,
- 50 g helle, kernlose Rosinen,
- 2 EL Butter,
- 2 EL Honig,
- ½ TL Zimt,
- Johannisbeergelee.

Die Rosinen in warmem Wasser einweichen. Die Äpfel waschen, trocknen und das Kerngehäuse ausstechen. Mandeln, Haselnüsse, die abgetropften Rosinen, Butter, Honig und Zimt verkneten und in die Äpfel füllen. Den Backofen auf 180° C vorheizen. Die Äpfel in eine gefettete Auflaufform legen, mit den Öffnungen nach oben und unten, und ca. 30 Minuten backen. Zum Servieren mit etwas Johannisbeergelee anrichten.

Frische Erdbeeren mit Zitronenjoghurt

Erdbeeren sind sehr kalorienarm, fettarm und eiweißreich. Vitamin C, Folsäure und Eisen sind auch drin. Calcium für den Knochen und Magnesium für das Herz und gegen Stress auch. Dazu kommen wertvolle sekundäre Pflanzenstoffe gegen Krebs und Gefäßverkalkung. Joghurt ist fett- und kalorienarm, dafür calcium- und eiweißreich. Geringer Lactoseanteil.

400 g	frische, reife Erdbeeren,
300 g	fettarmer Naturjoghurt,
1 EL	Zucker,
	Saft einer Zitrone,
1	Päckchen Vanillezucker,
	einige frische Blätter Minze oder Zitronenmelisse.

Die Erdbeeren putzen, waschen, trocknen und längs in Viertel schneiden. Mit dem Vanillezucker bestreuen und gut durchmischen. 30 Minuten marinieren lassen, ab und zu durch mischen. Den Zitronensaft und den Zucker unter den Joghurt rühren. Die Erdbeeren in 4 Schälchen verteilen und den Joghurt darüber gießen. Nach Geschmack mit Zitronenmelisse oder Minze garnieren.

Obstsalat mit Nüssen

In einem frischen Obstsalat mit Nüssen ist fast alles drin, was die Natur an wertvollen sekundären Pflanzenstoffen anbieten kann. Gut für Nerven, Schlaf und gegen Krebs. Er ist außerdem kalorienarm, ballststoffhaltig und mineralstoff- und vitaminreich. Also einfach lebensverlängernd!

2	säuerliche Äpfel, z.B. Elstar oder Boskop,
2	Orangen,
200 g	helle Trauben, z.B. Muscat,
200 g	rote Trauben,
1	Banane,
100 ml	Orangensaft,
	Saft einer Zitrone,
1	handvoll grob gehackte Walnusskerne.

Die Äpfel schälen, entkernen und in Würfel schneiden. Mit Zitronensaft übergießen und vermischen, damit sie nicht braun werden. Die Orangen sauber schälen und die Schnitze in Würfel schneiden. Man kann sie auch filetieren. Das ist allerdings sehr aufwendig, man benötigt dann 3 Orangen. Die Trauben waschen, halbieren und entkernen. Banane schälen und in Scheiben schneiden. Alle Zutaten mit dem Orangensaft vermischen.

Vor dem Servieren 1 Stunde im Kühlschrank ziehen lassen und die Walnusskerne untermischen.

Rote Grütze

Beeren und Schattenmorellen sind sehr vitamin-, mineralstoff, eiweiß- und ballaststoffhaltig und kalorienarm. Die vielen sekundären Pflanzenstoffe schützen vor Krebs und Herz-Kreislauf-Erkrankungen.

- 1 Glas Schattenmorellen,
- 300 g gemischte Beeren, z.B. Himbeeren, Brombeeren, Erdbeeren, Johannisbeeren, geht auch als TK-Ware,
- 1 EL Zucker,
- 2 EL Speisestärke,
- 100 ml frische Sahne.

Die Schattenmorellen mit dem Saft, dem Zucker und den Beeren zum Kochen bringen. Die Stärke mit etwas Wasser glatt rühren und dazugeben. Max. 2 Minuten unter Rühren kochen lassen. In 4 Schälchen füllen und abkühlen lassen. Vor dem Servieren Sahne darübergießen. Die Variante für Genießer wäre, vor dem Kochen noch 50 ml Banyuls dazuzugeben.

Technisch möglich ist natürlich auch, ein Gläschen Banyuls dazu zu trinken.

Schokotörtchen mit flüssigem Kern aus dunkler Schokolade
Fondant au chocolat

Nur die dunkle Schokolade enthält wertvolle Pflanzenstoffe, besonders die Flavonoide, die das Herz-Kreislauf-System schützen. Aber Vorsicht, dieses Dessert ist sehr kalorienhaltig und sollte daher nur an besonderen Festtagen mit Genuss verzehrt werden.

- 50 g Zartbitterschokolade mit möglichst hohem Kakaoanteil
- 50 g Butter
- 2 Eier
- 60 g Zucker
- 70 g Mehl
- 2 EL Kakaopulver
- Puderzucker
- 4 kleine Auflaufformen mit ca. 6 Zentimeter Durchmesser

Umluftbackofen auf 160° vorheizen. Die Schokolade mit der Butter im Wasserbad schmelzen. Dazu in einem Topf Wasser zum Kochen bringen. Kochplatte abschalten. Dann eine kleinere Schüssel mit der Butter und der Schokolade in den Topf mit dem heißen Wasser stellen und den Inhalt cremig verrühren. Abkühlen lassen. Die Auflaufformen mit Butter sorgfältig einfetten und mit Kakaopulver ausstreuen. Die Eier mit dem Zucker mit einem Handmixer verrühren bis eine helle cremige Konsistenz erreicht ist. Das Mehl unterrühren. Dann die geschmolzene Schokolade und Butter gleichmäßig unterrühren. Diesen Teig in die vier Auflaufformen gleichmäßig verteilen und im vor geheizten Backofen 10 bis 13 Minuten backen. Der Rand der Törtchen sollte sich leicht von der Form lösen. Die Törtchen etwas abkühlen lassen und aus der Form stürzen, dazu eventuell den Rand mit einem Messer etwas ablösen.

Auf Wunsch mit Puderzucker bestreuen und mit frischen Früchten, z.B. Himbeeren, warm servieren.

Inhaltsverzeichnis

	Seite
Vorwort	3

Vorspeisen

	Seite
Artischocken mit Senf-Vinaigrette	6
Avocado-Dip mit Krabben	6
Carpaccio von Roter Bete mit Ziegenkäse	7
Gefüllte Champignons mit Salat	7
Gegrilltes mediterranes Gemüse mit Kräuterquark	8
Melone mit Schinken	9
Rindercarpaccio	9
Schafsfrischkäse mit Bärlauchpesto	10
Tomate-Mozzarella	11
Vitello tonnato	11

Suppen

	Seite
Fleischbrühe, Grundrezept	13
Gemüsebrühe, Grundrezept	13
Hühnerbrühe Grundrezept	14
Gemüsesuppe mit Rindfleisch	14
Klare Pilzsuppe	15
Klare Spargelsuppe mit Garnelen	15
Kürbissuppe	16
Mediterrane Fischsuppe	17

Salate

	Seite
Blattsalat mit Ziegenkäse	19
Chicorée-Orangensalat mit Walnüssen	20
Gurken-Dill-Salat	20
Feldsalat mit Äpfeln, Nüssen und Champignons	21
Radicchio-Endivien-Salat	21
Rindfleischsalat	22
Salat mit Thunfisch	22
Schwarzer Rettichsalat	23
Schwäbischer Kartoffelsalat	23
Schweizer Wurstsalat	24
Tomatensalat	24

Hauptgerichte

	Seite
Allgäuer Kässpatzen	26
Allgäuer Krautkrapfen	27
Entenbrustfilets	27
Fenchelauflauf	28
Gefüllte Tomaten	29
Hirschkalbsbraten	30
Kalbsleber „Berliner Art"	31
Kräuterflädle mit Salat	31
Lammkotelett mit Ratatouille und Ofenkartoffeln	32
Mediterraner Fischauflauf	33
Mediterrane Hähnchenkeule	33
Omelette mit Pilzragout	34
Pfannkuchen gefüllt mit Ratatouille	34
Saltimbocca alla Romana	35
Zwiebelrostbraten	35

Nachspeisen

	Seite
Ananasquark	37
Bratäpfel	37
Frische Erdbeeren mit Zitronenjoghurt	38
Obstsalat mit Nüssen	38
Rote Grütze	39
Schokotörtchen	39